Cirque Olympique

Ro
16760

CIRQUE-OLYMPIQUE

Les animaux ont toujours eu le privilège de nourrir l'homme et de l'amuser. Pauvres bêtes !... Ce n'est pas assez que le chien aille à la chasse, qu'il garde le toit domestique, il faut encore qu'il sache jouer aux cartes ou aux dominos. On arrache le singe à ses forêts pour l'habiller en soldat, lui commander l'exercice ou le faire danser sur la corde; lorsque l'animal le plus modeste, le plus laborieux, l'âne, a porté à la halle les provisions de la semaine, un maître cupide ne rougit pas de le caparaçonner et de lui apprendre à désigner la personne la plus amoureuse de la société ; le serin qui nous charme par son ramage, est quelquefois obligé, pour avoir un grain de mil ou un brin de mouron, de s'atteler à un petit carrosse, ou de faire le mort. Les pigeons sont facteurs de la grande poste, en attendant qu'ils soient mis à la crapaudine...

Pauvres bêtes !... les hommes sont vos tyrans... vos bourreaux !... Vous êtes bien bons de ne pas vous révolter !... A votre place je demanderais une charte !... Mais non, je ne vous le conseille pas ; les grenouilles se souviennent encore de ce qu'il leur en a coûté pour avoir demandé un roi !...

Puisque tant d'animaux ont brillé par l'intelligence, le cheval ne pouvait pas, lui, le plus beau, le plus noble de tous, rester en arrière dans le mouvement intellectuel qui s'est aussi opéré parmi les bêtes.

Le cheval, cette belle conquête que l'homme a faite... le cheval devait jouer un grand rôle parmi les animaux devenus comédiens ; aussi c'est avec orgueil, avec reconnaissance, que je consacre un chapitre à ces acteurs quadrupèdes : acteurs modestes qui, pour appointements, ne demandent qu'un picotin d'avoine ; pour scène un manège, pour costume une selle, pour feux deux ou trois morceaux de sucre, et pour souffleur un fouet de poste.

Le manège de Franconi existait bien avant le Directoire ; quelques années avant la révolution, un Anglais, nommé Astley, avait importé en France ce genre de spectacle.

Franconi père succéda à Astley au faubourg du Temple, où un manège avait été construit. Dans l'origine, ce spectacle consistait seulement en des exercices d'équitation, des tours de souplesse, et de petites parades à deux interlocuteurs.

Peu à peu, ce genre reprit de l'extension ; un théâtre ayant été bâti dans le manège, on y joua des pantomimes. Quelques-unes de celles qui avaient été représentées sur la scène de la Cité furent reprises : *la Mort de Turenne, le Damoisel et la Bergerette, la Fille Hussard,* ou *le Sergent Suédois,* etc., etc.

Franconi père quitta pour un temps son local du faubourg du Temple, et fit bâtir un nouveau manège sur l'emplacement de l'ancien couvent des capucines ; il y fit de brillantes affaires et céda son établissement à ses enfants, Laurent et Minette Franconi, qui allèrent l'exploiter à Mont-Thabor. De là, la véritable origine du *Théâtre du Cirque-Olympique*, dirigé longtemps par les deux frères, et abandonné par eux depuis dix ans.

Ce fut dans les derniers jours de décembre de l'année 1807 que Franconi père, ayant cessé d'être propriétaire et directeur, confia une belle entreprise, qu'il avait fondée lui-même, à ses deux fils. Les deux troupes d'écuyers, qui avaient été séparées un moment, reparurent ensemble à Mont-Thabor. On y joua une pantomime de Cuvelier, appelée *la Lan-*

terne de Diogène. Le titre seul suffit pour indiquer le sujet de cet ouvrage.

Diogène cherche un homme et n'en trouve point. C'est en vain que l'on montre à ses yeux les héros de chaque siècle, il ne souffle pas sa lumière et continue sa recherche. Enfin, le buste du héros français paraît entouré de tous les braves compagnons de sa gloire, et des trophées indiquent ses victoires; alors, notre philosophe étonné éteint son flambeau, en s'écriant : *Je l'ai trouvé*. On juge de l'effet que devait produire une pareille allégorie en 1807.

Les frères Franconi ne jouèrent pas longtemps* dans le quartier des Capucines; comme on commençait à y bâtir beaucoup,

---

* Le 2 janvier 1817, M. Comte, le physicien, rouvrit la salle du Mont-Thabor; mais la direction eut à peine un mois d'existence. Il avait obtenu l'autorisation de jouer des pièces à tableaux, sous la condition que les acteurs seraient séparés du public par une gaze, et que dans les entr'actes ils feraient des tours de physique.

ils firent faire des réparations et des agrandissements à leur Cirque du faubourg du Temple, et y retournèrent le 8 novembre 1809. On lit dans le *Mémorial dramatique* de l'année 1810 :

« Une foule considérable de curieux et
« d'amateurs s'est portée au Cirque de
« MM. Franconi. On a jeté d'abord un
« coup d'œil sur les changements qui ont
« été faits à la salle et hors la salle, d'après
« les plans et sous la conduite de M. Du-
« bois, jeune architecte*. Sous la galerie,
« une nouvelle façade, ornée des attributs
« analogues au genre de cet établissement,
« décore l'entrée. Le vestibule est agrandi,
« un nouveau rang de loges est établi
« dans tout le pourtour de la salle. L'am-
« phithéâtre, au-dessus des loges gril-

---

* C'est le même qui était architecte des bâtiments de Monseigneur le prince de Bourbon ; il est frère de M. Dubois, homme de lettres, qui a été directeur de l'Opéra et de la Gaîté, auteur d'une foule de jolis ouvrages joués sur tous les théâtres de Paris.

« lées, en face du théâtre, est remplacé
« par des loges fermées, richement déco-
« rées ; les colonnes ont de nouveaux
« chapiteaux ; la salle est peinte à neuf,
« le théâtre a grandi en largeur, en hau-
« teur et en profondeur ; on y a pratiqué
« de nouvelles issues pour faciliter les
« manœuvres des chevaux. Enfin, l'avant-
« scène rapprochée d'un plan vers le
« cirque, est ouverte par de grands pilas-
« tres, avec loges et arrières-loges, for-
« mant quart de cercle ; ce parti a été
« adopté par l'architecte, pour ne pas
« masquer la vue du théâtre à toutes les
« places de côté.* »

C'est de cette époque que date l'ère de gloire dans laquelle marchera cette grande entreprise. MM. Franconi peuvent passer, à juste titre, pour les plus habiles écuyers qui se soient vus ; ils sont parvenus, à

---

* C'est cette salle qui a été incendiée en 1826. Une maison considérable a remplacé le manège d'Astley, qui avait été fondé en 1790.

force d'adresse et de patience, à faire faire à leurs chevaux des choses dont beaucoup d'hommes seraient incapables. Ces acteurs à quatre pieds ont brillé sur presque tous les théâtres de Paris ; à la Porte-Saint-Martin, à Louvois, à la Cité, aux Victoires Nationales, voire même à l'Académie impériale et royale de musique. *Le Triomphe de Trajan* les a vus orner le char du grand empereur, et *la Belle au bois dormant*, après avoir dormi cent ans, s'est éveillée pour se voir traînée par eux au palais de son royal amant.

Cuvelier, ce pantomime fécond, original; Cuvelier, la providence des muets, qui aurait pu fonder un théâtre pour les élèves de l'abbé Sicard, composa plus de cinquante ouvrages pour le Cirque-Olympique.

La Femme Magnanime, *Frédégonde et Brunehaut*, *Richard-Cœur-de-Lion*, *le Renégat*, *les Français dans la Corogne*, *la Mort de Kléber*, celle *de Poniastowski*, *Gérard de Nevers et la Belle Euriante*, *Mazeppa*, etc., etc., obtinrent des succès longs et productifs.

Dans ces canevas dramatisés, les frères Franconi prouvèrent qu'ils étaient aussi bons pantomimes qu'habiles écuyers ; ce qui ne contribua pas pour peu à l'effet que produisaient ces mimodrames, c'était le jeu brillant et pathétique de madame *Minette Franconi*, douée d'une figure aussi belle qu'expressive ; il était impossible de mimer avec plus de grâce, de force et de sentiment ; comme ses gestes disaient tout ce qu'elle voulait dire, elle pouvait se passer de parler*.

Depuis sa fondation jusqu'à ce jour, ce spectacle, d'un genre particulier, a compté des écuyers très remarquables. Indépendamment des frères Franconi, de leur fils, de leur sœur, de leur femme, on y a vu défiler, depuis quarante ans, des hommes étonnants de force et d'agilité. Bastien, Bassin, Lagoutte père (si drôle dans la scène de Passe-Carreau du *Tail-*

---

* Madame Minette Franconi (née Lequien) est morte en 1832.

leur); Auriol, surnommé le Petit-Diable mais un artiste qui a tout éclipsé, par sa grâce et son audace, c'est Paul, surnommé l'Aérien, Paul, l'homonyme de celui dont la gloire a retenti à l'Académie royale de musique ; l'écuyer Paul nous a fait croire au *centaure Chiron*, tant l'homme et le cheval sont identiques. Puis des écuyères, des amazones charmantes, les dames Lucie, Varnier, Antoinette et Armantine Jolibois ; et comme s'il n'eût pas suffi de ses propres richesses, le Cirque-Olympique a reçu chez lui tout ce que l'étranger possède de rare et de curieux. Le Cirque-Olympique a été le bazar où les phénomènes des quatre parties du monde ont été exposées, comme des produits d'industrie.

On y a vu des jongleurs indiens, des sauteurs chinois, des acrobates italiennes, les deux sœurs Romanini, sylphides terrestres, se tenant sur un fil d'archal, comme l'oiseau sur la branche, le papillon sur la fleur ; on y a vu des géants, des colosses ; enfin, un nain célèbre, M. Harvy-Leach, est venu nous prouver que le talent ne se mesure pas à la taille...

A présent que j'ai payé aux hommes le tribut d'éloges que je leur devais, qu'il me soit permis de m'occuper des animaux, en me pardonnant ma brusque transition. Que de célébrités je vais avoir à enregistrer !...

Tout Paris n'a-t-il pas admiré l'adresse et l'obéissance du fameux cerf *Coco*, coco si gentil, si bien apprivoisé, que toutes les jolies femmes ne craignaient pas, au nez même de leurs maris, de lui donner à manger dans la main en lui caressant son bois ; et cette chèvre acrobate, espèce de Taglioni portant barbe au menton, dansant comme une sylphide sur une corde raide ; et le cheval gastronome, mangeant, buvant comme un convive du caveau, dont j'ai l'honneur d'être membre...; et ce jeune tigre, se promenant dans le manège avec la mignardise et la câlinerie du chat, croquant des gimblettes et léchant la joue des enfants, comme le ferait un caniche ou un chien de Terre-

Neuve ; et l'éléphant Kiouny, acteur colosse, le Désessart du Cirque-Olympique ; masse agissante et pesante, acteur profond et rêveur. Dans *l'Eléphant du roi de Siam*, MM. Ferdinand Laloue et Léopold, ont fait faire à Kiouny de véritables prodiges. Kiouny distribuait des fleurs aux dames, Kiouny rendait hommage aux mânes du souverain défunt, Kiouny protégeait le roi légitime contre l'usurpateur, le délivrait de sa prison, et, véritable Blondel, le faisait couronner à Siam, comme autrefois Jeanne-d'Arc avait fait sacrer Charles VII à Reims. La scène du banquet royal et la gavotte dansée par Kiouny excitèrent l'admiration de la multitude.

Je n'oublierai pas M. Martin dans sa forêt vierge, forêt dont les arbres étaient de fer-blanc, forêt close, non par des murs, des haies vives, des sauts de loups, mais avec de bons treillages, bien serrés, à petites mailles, par ordonnance du préfet de police, qui a dû s'interposer entre les ours et les spectateurs. Voyez-vous M. Martin, nouveau Daniel dans la fosse aux lions, jouant au naturel un rôle de chasseur avec des acteurs naturels, des tigres, des hyènes, des panthères, et autres artistes de la même espèce.

Ah! si l'on avait dit, il y a cinquante ans, au comparse qui revêtissait la peau de l'ours des *Deux Chasseurs* (où feu Doztainville était si drôle) ; si l'on avait dit aux figurants chargés de faire les pieds du chameau dans *la Caravane du Caire* : « Un jour, on se passera au théâtre de comparses et de figurants pour tenir l'emploi de bêtes ?... un jour on rira en voyant pendus dans un coin de magasin *votre peau d'ours, votre tête de lion, vos pieds d'éléphant, vos bosses de chameau, vos cornes de cerf...* » Figurants et comparses auraient répondu avec indignation : « Qui donc nous remplace ?... — Qui vous remplacera ?... des bêtes !... — Des bêtes ?... — Oui, des bêtes !... — Jamais !... jamais !... » eussent répondu comparses et figurants... Eh ! bien, le règne des bêtes est venu... J'ai peur qu'il soit long.... car leur intelligence confond celle de beaucoup d'hommes, qui se croyaient des gens d'esprit.

Dans la nuit du 15 au 16 mars 1826, un incendie, dont rien ne put arrêter les effets, a détruit la salle et le théâtre. Dès le 17 et le 18, les théâtres de Madame et de l'Ambigu ont donné des représentations au bénéfice de MM. Franconi; cet exemple honorable a été suivi par tous les autres spectacles de Paris et des principales villes de France; indépendamment de cela, des souscriptions ont été ouvertes et l'on s'est empressé de venir au secours du directeur, ainsi que des acteurs et employés. Le roi, les princes, les princesses du sang, le ministre de l'intérieur, celui de la maison du roi, monsieur le préfet de la Seine, leur ont alloué des sommes qui, réunies au montant des représentations et des souscriptions, les ont mis à même de réparer le désastre dont ils avaient été victimes. Ils ont de plus obtenu du ministre de l'intérieur un nouveau privilège de dix ans, avec l'autorisation de faire construire une salle nouvelle sur un emplacement très favorable, boulevard du Temple, entre l'hôtel Foulon et l'ancien Ambigu.

Alors les frères Franconi mirent leur entreprise en actions ; MM. Ferdinand Laloue, Vilain de Saint-Hilaire et Adolphe Franconi furent chargés des destinées de la nouvelle administration.

Le 31 mars 1827, le nouveau Cirque fut ouvert ; une pièce en trois actes, *le Palais, la Guinguette et le Champ de Bataille**, indiquait assez par son titre que le genre de ce spectacle serait le genre héroïque, les tableaux populaires et les scènes de bataille. De nouveaux comédiens vinrent en aide aux anciens ; d'abord Francisque, vieil acteur qui avait eu quelques succès au théâtre de la Cité ; Demouy, qui avait débuté à la Comédie-Française ; Edouard et Chéri, Thibouville,

---

* De MM. Carmouche, Dupeuty et Brazier.

Signol ; mesdames d'Hautel, Caroline de Larue, Valmont, Gratienne, Tigée et mademoiselle Millot, cette belle et grande personne qui avait débuté toute jeune au théâtre de la Gaîté, et qui chantait ce couplet du *Marquis de Carabas*, que le gamin et la grisette ont su par cœur.

> Vous souvient-il d'une prairie,
> Où nos moutons allaient paissant ?
> Petite fille assez jolie
> Avec vous les gardait souvent.
> C'était moi qui voulais vous plaire,
> Vous retrouvant dans ces cantons,
> Je suis la petite bergère
> Qui s'en revient à ses moutons.

La petite bergère avait depuis abandonné houlette et moutons, pour porter le casque du dragon ou le bonnet du grenadier. Mademoiselle Millot a brillé dans beaucoup de mimodrames ; nous l'avons vue souvent en vivandière, versant la goutte aux vieux soldats, et les suivant à Moscou, à Vienne, à Berlin, comme dit la chanson de Béranger... Nous l'avons vue dans les insurrections populaires (du Cirque-Olympique) montée sur l'affût d'un canon, chantant la *Marseillaise* et la *Carmagnole* ; elle était si belle sous le costume d'une femme du peuple, que nous serions volontiers devenu révolutionnaire avec elle.

Le Cirque-Olympique n'est pas un spectacle comme les autres, c'est une exception, une excentricité ; sous ce rapport, je pense qu'il devrait être encouragé.

A Rome, il y avait des cirques, des amphithéâtres pour le peuple ; on y représentait des scènes de gladiateurs ; je voudrais voir construire à Paris une salle qui contiendrait dix mille personnes, une scène vaste en proportion, mais où l'on ne représenterait que des sujets nationaux ; ce serait le lycée où le peuple irait faire son cours d'histoire.

A la révolution de juillet, M. Ferdinand Laloue avait bien compris l'époque ; aussi a-t-elle été la plus brillante entre toutes celles que ce genre a traversées. On doit l'avouer, jamais spectacle plus grand, plus beau, plus national n'avait été offert au public. *La Prise de la Bastille*, *l'Empereur et les Cent-Jours*, *les Polonais*, *l'Homme du Siècle*..., ont surpassé en décors, en magnificence, en mise en scène, tout ce que l'on avait eu jusqu'alors. Ces ouvrages ont ressuscité le grand homme, ils nous l'ont montré à Brienne, au pont d'Arcole ; nous avons failli le voir sauter rue Saint-Nicaise ; nous l'avons suivi en Egypte, à Marengo, à Wagram, à Austerlitz, à Moscou ; nous l'avons retrouvé à Champaubert, aux buttes Chaumont ; nous l'avons escorté à Fontainebleau, à l'île d'Elbe, à Sainte-Hélène; nous avons assisté à ses funérailles, à son apothéose : nous ne l'avons quitté que dans le ciel...

Le Cirque-Olympique nous a saturés de gloire... étouffés sous les lauriers... Plus on montrait le grand homme au peuple, plus le peuple battait des mains ; il était ivre de son empereur, ce pauvre peuple, qui lui avait donné, pour faire des bulletins, tout son or et tout son sang ; partout où l'on montrait l'homme du destin, le peuple criait : Encore ! encore... toujours ! toujours...

En 1812, Napoléon était loin de prévoir qu'il serait apothéosé vingt ans plus tard sur presque tous les théâtres de son ancien empire.

A l'apogée de sa gloire, en 1808, on avait risqué de le mettre en scène aux Jeux-Gymnastiques*, dans un tableau militaire de M. Apdé, intitulé : *le Passage du Mont-Saint-Bernard.* Un acteur, nommé Chevalier, avait endossé la capote grise et le chapeau du petit caporal. Le succès fut prodigieux, éclatant ; pendant quatre mois, la salle était comble, on croyait que cela ne finirait jamais. On a dit, à cette époque, que le vainqueur de l'Italie avait assisté, dans une petite loge grillée, à l'une des représentations de cet ouvrage... Si cela est vrai, Napoléon a dû se montrer satisfait de l'accueil qu'il re-

---

* Salle de la Porte Saint-Martin.

cevait par procuration ; l'enthousiasme que produisait cette grande figure, quand elle apparaissait sur le sommet glacé du Saint-Bernard, ne peut se décrire. Il faut avoir vu cela pour s'en faire une idée...

Après la révolution de juillet, Napoléon sembla reconquérir un moment sa popularité ; on aurait dit que le prestige dont ce nom avait été environné voulait se réveiller...... Alors, directeurs et auteurs se mirent en tête de ressusciter le grand homme ; on le tira de son tombeau de Sainte-Hélène, on le montra de nouveau à la foule, avec sa pose silencieuse, méditative... avec son front chauve, son regard d'aigle... Il semblait dire : Qu'est-ce que ce bruit ?... ces pavés ?... ces barricades ?... la France est-elle donc encore menacée ?... Qu'on me donne une épée ? Oh ! rendez-moi mon épée du pont d'Arcole... Et ma garde ? où est-elle ?... Mais le peuple lui disait : Non... tu ne peux plus rien faire pour moi... ton rôle est fini pour la France... mais tu as été si grand acteur que nous voulons te voir encore... t'applaudir encore... te faire un dernier adieu.

Alors, nous avons vu les empereurs surgir de tous les côtés... J'aurais peine à vous en dire le nombre !... L'acteur Chevalier a été empereur aux Jeux-Gymnastiques ; Frédérick-Lemaître à l'Odéon ; Cazot, empereur aux Variétés ; Génot, empereur à l'Opéra-Comique ; Gobert, empereur à la Porte-Saint-Martin ; Béranger, empereur au Vaudeville ; Joseph, empereur à la Gaîté ; Francisque, empereur à l'Ambigu ; Edmond, empereur chez Franconi ; le petit Isidore, empereur chez M. Comte ; enfin, notre folle à nous, nos amours, Virginie Déjazet, a été aussi empereur aux Nouveautés et au Palais-Royal. Notez que je ne vous parle pas des empereurs de Belleville, de Montmartre, du Mont-Parnasse, ni de ceux des arrondissements de Sceaux et de Saint-Denis.

Dans cette recrudescence de napoléonisme, on négligeait l'emploi des Trial, des Brunet, des Potier ; on demandait aux correspondants des théâtres, des figures graves, des fronts découverts. Bon nombre de comédiens oubliaient l'ancien répertoire pour apprendre le *Petit-caporal à Brienne, Bonaparte à Toulon, Napoléon en Egypte*, etc. Gobert marchait sur le boulevard les deux mains derrière le dos ; lorsque Francisque vous disait bonjour, sa parole était brève et saccadée ; Frédérick-Lemaître se passait gravement la main sur le front... Edmond ne prenait plus de tabac que dans la poche de son gilet qu'il avait fait doubler en cuir !... Cazot même... le bon Cazot tirait quelquefois l'oreille du costumier, comme Napoléon faisait quand il était satisfait d'un de ses généraux. Enfin, nous étions partout encombrés d'empereurs, partout de grands hommes au théâtre et de nains dans le monde.

Eh ! bien, ce que le Cirque a fait pour Napoléon, ne pourrait-il le faire pour tout ce qui serait noble et grand ?... Nos fastes sont intarissables ; notre histoire, un puits sans fond ; c'est le tonneau des Danaïdes. Je le répète, je voudrais voir un théâtre national dans le genre du Cirque ;

Cirque-Olympique.

mais établi sur une plus grande échelle. Malheureusement, cette entreprise aura toujours de la peine à se soutenir par ses seules ressources. Son budget ressemble aux nôtres, il est énorme... Pour y produire de l'effet, il faut cent personnes dans le Cirque : ajoutez à cela trente chevaux à nourrir, des écuyers à payer, des décorations brillantes, des costumes éblouissants... Vous verrez qu'il est impossible que les recettes suffisent à un luxe pareil. Un succès tel grand qu'il soit ne couvrirait jamais les dépenses ; ensuite, on ne peut guère espérer dans l'année qu'une seule pièce à vogue extraordinaire. Eh ! bien, si vous en rejouez deux qui n'attirent pas la foule, vous reperdez ce que vous avez gagné ; c'est donc, à mon avis, une exploitation fort difficile à soutenir. Le Cirque-Olympique, fermé depuis deux mois, vient de rouvrir. Le ministre de l'intérieur a donné à M. Dejean, propriétaire de la salle, le privilège de ce théâtre. Ce privilège durera jusqu'au 31 décembre 1850. Cette autorisation sera personnelle à M. Dejean, et il ne pourra la céder. Les pièces qu'il fera représenter pourront être en un, deux, trois ou quatre actes, mêlées ou non de chant ; mais sous la condition expresse que des exercices équestres entreront toujours dans l'action des ouvrages, même des vaudevilles, et que les représentations théâtrales devront toujours être précédées, ou suivies de manœuvres de cavalerie et d'exercices de manège. M. Dejean jouit, en outre, du bénéfice de la décision ministérielle du 26 mai 1835, qui accorde au directeur du Cirque-Olympique l'autorisation de donner aux Champs-Elysées des exercices de chevaux et des scènes de cavalerie.

Ce privilège assez étendu, peut fournir au directeur-propriétaire des moyens d'utiliser un théâtre qui a coûté des sommes immenses à bâtir ; nous félicitons l'autorité de son bon vouloir, et nous faisons des vœux pour que cet établissement, aussi utile qu'intéressant, triomphe des obstacles que son grandiose et ses dépenses nécessitent. L'existence de plus de cent personnes s'y trouve attachée, il serait malheureux de ne pas le voir prospérer... M. Ferdinand Laloue reste chargé de la mise en scène, la direction du manège est confiée à M. Adolphe Franconi.

Allons, courage, mon vieux Cirque-Olympique, tu peux avoir encore de brillantes destinées.. Ecuyers au manège !.. acteurs, sur vos planches !.. Cirque-Olympique, que les hommes et les chevaux te soient en aide !...

LE PALAIS,

LA GUINGUETTE

ET LE CHAMP DE BATAILLE,

PROLOGUE D'INAUGURATION,

EN TROIS TABLEAUX, A GRAND SPECTACLE, MÊLÉ DE CHANT, DANSES, COMBATS, ÉVOLUTIONS MILITAIRES, APOTHÉOSE;

PAR

MM. BRAZIER, CARMOUCHE ET DUPEUTY,

Mise en scène de M. FRANCONI jeune,

Décors de MM. DUMAY et GOSSE,

Représenté pour la première fois, à Paris, au Cirque-Olympique, le 31 mars 1827.

PARIS;

SE VEND AU CIRQUE-OLYMPIQUE,
ET AU MAGASIN DE PIÈCES DE THÉATRE,
DERRIÈRE LE THÉATRE FRANÇAIS, N° 51.

1827.

PERSONNAGES DU PROLOGUE.

PERSONNAGES.	ACTEURS.
M. FLANARD	MM. VERNAL.
UN MARCHAND DE TISANE	ACHILLE.
AZUR, Génie aérien	Mlle OCTAVIE.
PROMENEURS, PETITS GÉNIES.	

PERSONNAGES DE LA GUINGUETTE.

FAVORI, Hussard	MM. OCTAVE.
GALOP, Cocher	EDMOND.
CRIQUET, Tambour	DUBOIS.
FANCHON, Blanchisseuse	Mmes MILLOT.
SOPHIE, Fleuriste	SORAND.

MILITAIRES DE TOUTE ARME, GARÇONS ET FILLES D'AUBERGE, OUVRIERS ENDIMANCHÉS, PEUPLE, etc.

PERSONNAGES DU PALAIS.

FRANÇOIS Ier, Roi de France	MM. DEMOUY.
LE CHEVALIER BAYARD	DELOMÉ.
LÉONARD DE VINCI	PHILIBERT.
TRIBOULET, Fou du Roi	TIBOUVILLE.
MARGUERITE DE NAVARRE, Sœur de François Ier.	Mmes BUSSY.
MADAME DE RANDAN	MILLOT.

SEIGNEURS, PAGES, DAMES D'HONNEUR, HOMMES D'ARMES, PEUPLE.

PERSONNAGES DU CHAMP DE BATAILLE.

UN COLONEL FRANÇAIS	MM. BASSIN.
UN PORTE-DRAPEAU	TÉLÉMAQUE.
DEUX OFFICIERS.	{ AHN fils. / PAIN. }
UN SERGENT	FERIN père.
UN OFFICIER SUPÉRIEUR ESPAGNOL	PAUL.
DEUX CHEFS DE GUÉRILLAS	{ REBARD. / HUOT. }
UNE VIVANDIÈRE	Mme GRACIENNE.

TROUPES FRANÇAISES A PIED ET A CHEVAL, GUÉRILLAS, CAVALIERS ET FANTASSINS.

IMPRIMERIE DE DAVID,
BOULEVART POISSONNIÈRE, n° 6.

PROLOGUE.

(*Le théâtre représente le Boulevard du Temple devant le Jardin Turc.*)

SCÈNE PREMIÈRE.

FLANARD, Promeneurs.

LES PROMENEURS.

Air : *Faut d' la vertu.*

La seul' prom'nade qu'a du prix,
La seule dont je suis épris,
La seule où j'm'amuse, où c'que j'ris,
C'est l'boul'vard du Temple à Paris.

FLANARD.

Du café Turc au Colysée
Que d'attraits pour les amateurs !
Des bons rentiers c'est l'Élysée,
Et le paradis des flâneurs.

REPRISE, *en chœur.*

La seule, etc.

SCÈNE II.

FLANARD, ROBINET.

ROBINET.

Air : *des Cancans.*

V'là l'coco !   (*bis.*)
Qu'est c'qui veut boire à gogo ?
Pour deux liards,
Aux boul'vards,
Chacun peut
Boir' tant qu'il veut.

Chez l'traiteur, l'homme l'plus fin
N'est pas sûr de boir' du vin,
Mais chez le marchand d'coco
Ou est sûr que l'on boit d' l'eau.

V'là l'coco, etc.

Le riche boit à grands frais
Glace, orgeat, groseill', sorbets;
Moi, j'rafraîchis tout l'été
La petite propriété !
V'là l'coco, etc.

A la fraîche... qui veut boire !

FLANARD.

Tiens, te voilà, père Robinet ! Il paraît que tu viens chercher pratique chez moi ?

ROBINET.

Comment ça, chez vous, monsieur Flanard ?

FLANARD.

Eh bien ! oui, chez moi... Le matin, je déjeune au café Turc; dans la journée, je m'amuse à examiner, depuis le Cadran-Bleu jusqu'au Château d'eau, les boutiques, les passans, les caricatures; l'après-midi j'écoute les annonces et les parades, spectacles gratis où l'on ne m'a encore volé qu'un mouchoir... A la brune, je prends ma demi-tasse au café Vincent, et ensuite, jusqu'à onze heures du soir, je juge les coups de la poule au café de la Gaîté. Tu vois donc bien qu'étant sur le boulevard du Temple, je puis dire que je suis chez moi...

ROBINET.

Vous êtes donc toujours flâneur.

FLANARD.

Toujours.

AIR : *J'ai vu le Parnasse des dames.*

Qu'on m'approuve ou qu'on me condamne,
Par goût je flâne en me levant;
Après déjeuné je reflâne,
Et reflâne encore en dînant.
Le soir, en gagnant ma cellule,
Je flâne, et dis en me couchant :
Je voudrais être somnambule,
Afin de flâner en dormant.

ROBINET.

Eh bien ! moi aussi je flâne; mais ce n'est pas de la même manière. (*Il fait aller sa sonnette.*) Dame, écoutez donc, aussi, tout le monde ne peut pas être rentier; si tout le monde était riche, qui est-ce qui vendrait de la tisane ?

FLANARD.

Il paraît que ça va toujours bien, la tisane ?

ROBINET.

Ah ! dame ! dans ces quartiers-ci... et ça ira encore mieux...

Il paraît que le nouveau Cerque est achevé et qu'il ouvre aujourd'hui.

FLANARD.

Encore un théâtre de plus, c'est une calamité !

ROBINET.

Qu'est-ce donc que vous dites-là, vous ?

FLANARD.

Certainement... ça dégarnit les promenades, ça dépeuple les cafés... ça désorganise les parties de dominos à quatre.

ROBINET.

Ah ça ! est-ce que vous comptez pour rien les artistes que ça occupe, les familles que ça fait vivre, et nous autres faubouriens que ça amuse ?

FLANARD.

Ça ne m'amuse pas, moi.

ROBINET.

Laissez donc, plus il y a de théâtres sur les boulevards et plus ça nous amène de la société...... J'vais toujours me placer devant le nouveau Cerque... Il y a déjà du monde; j'y cours.

FLANARD.

(*Il regarde.*) Du monde déjà ! En effet...

ROBINET.

Ah ! monsieur Flanard, quelle queue !... C'est ce soir qu'on ouvre les chevaux de M. Franconi, faut que j'sois là.

(*Les promeneurs repassent en chantant :*)

La seule promenade, etc.

SCÈNE III.

FLANARD, *seul.*

Ah ! mon Dieu... Encore des fous qui vont porter leur argent dans le gouffre des bureaux de spectacles... Avoir un goût aussi dépravé... Si l'on pouvait y entrer pour rien, je ne dis pas... ce serait plus moral à mes yeux. (*Ici on entend une musique aérienne. Regardant en l'air en s'en allant*) Eh ! bien qu'est-ce que j'aperçois donc là? (*On voit paraître un char entouré de nuages.*) Qu'est-ce que c'est que ça.... Voilà un équipage d'un nouveau genre.... C'est sans doute une voiture à vapeur.

SCÈNE IV.

FLANARD, AZUR.

AZUR, *sortant de son chariot à l'aide de la main que lui offre Flanard.*

FLANARD, *allant au génie et lui donnant la main.*

Permettez, jeune homme.

AZUR.

Je vous remercie, brave homme, de m'avoir donné la main pour descendre de mon équipage; si je puis vous être utile, disposez de moi. Je me nomme Azur; je suis le génie qui préside au destin et à la construction de toutes les salles de spectacle.

FLANARD.

A son costume, j'aurais parié que c'était quelque maître maçon.

AZUR.

Air *de l'Enfant de Paris.*

Je suis le génie et le protecteur des théâtres,
Et chez les Français
C'est moi qui préside aux succès;
De ces jeux brillans dont nous sommes tous idolâtres,
De cet art charmant
Qui sait instruire en amusant.
Ma main embellit
Construit
Chaque salle
Rivale,
Et sait leur trouver des spectateurs
Et des acteurs;
Mais pour qu'à chacun il plaise
A la scène française,
Je n'espère plus
Trouver un autre Manlius !

Je suis le génie, etc.

Ami du vrai beau,
Naguère j'attendris votre âme,
Au touchant tableau
Des malheurs du jeune Jocko;
Et c'est moi qui fis,
Pour la gloire du mélodrame,
Aboyer jadis
Le noble chien de Montargis.

Je suis le génie, etc.

FLANARD.

En ce cas, vous devez avoir de la besogne : car, Dieu merci, je crois qu'il en pleut des théâtres. Nous voyons de belles choses par le temps qui court : des théâtres dans tous les coins de Paris pour amuser le peuple et l'empêcher de se battre et de s'enivrer... les célérifères pour aller plus vite... le gaz pour y voir plus clair, et les souscriptions....

AZUR.

Arrêtez, monsieur, arrêtez; le mot de souscription ne doit être prononcé ici qu'avec respect et reconnaissance.

AIR *de Céline.*

Que l'incendie ou la tempête
Cause chez nous un grand malheur;
La bienfaisance est toujours prête :
Chacun suit l'élan de son cœur.
Le banquier, le marchand, l'artiste,
Chacun apporte son denier;
Tous les Français sont sur la liste,
Et le roi s'y met le premier.

AZUR.

Je veux faire de vous un habitué du nouveau Cirque que je viens de construire !..

FLANARD.

En ce cas, monsieur l'architecte, je vous fais mon compliment; vous allez vite en besogne; en cinq mois, ça montait, ça montait comme un champignon.

AIR : *de Julie.*

Le premier mois je vis la devanture;
Le second mois tous les murs étaient faits;
Le mois d'ensuite on parlait de peinture.
Dans les travaux, en voyant ces progrès.
 Je me dis : l'architecte comble
 Les vœux d'un directeur expert.
Et quand je vis le théâtre couvert,
 Mon étonnement fut au comble. (*bis.*)

Qu'est-ce que vous allez jouer dans ce théâtre ? Des mélodrames bien noirs, des coups de fusils, des coups de sabre. Vous reprendrez sans doute vos exercices pédestres et équestres, reverrons-nous le quadrupède ?

AZUR.

AIR : *Vaudeville de la Bouquetière.*

Vous reverrez maint cheval qu'on renomme,
 Par son travail intelligent :

La Coquette, le Gastronome,
Et l'Aboukir et le Régent,
Qu'aimait un public indulgent;
Cirque, chevaux, nous allons tout vous rendre.

FLANARD.

Je les croyais au rivage du Styx;
C'est un miracle. Le Phœnix
Va donc renaître de sa cendre.

AZUR.

(Tenez, voilà mes ouvriers qui m'apportent mon bouquet.
Petits Génies. Ils sont vêtus en Amours portant les attributs des différens métiers qui ont été nécessaires à la construction du Cirque. Ils arrivent par une trappe, sur la ritournelle du Maçon.)

FLANARD.

Comment ce sont ces petits marmots que vous appelez vos ouvriers?

AZUR.

Je n'en ai jamais eu d'autres!..

FLANARD.

Je conçois qu'avec de petits gaillards comme ça on puisse faire d'assez jolie besogne. (*Il caresse les enfans.*) Nous avons donc bien travaillé; nous avons donc bien battu le plâtre, bien porté des moëllons, bien scié des pierres de taille. (*A lui-même.*) C'est inconcevable les progrès de la jeunesse! Si ça continue, les enfans seront des hommes faits, et au lieu de les envoyer en nourrice, on les enverra à leur bureau, au Palais, à la Bourse... Des compagnons comme ça doivent vous avoir fait une vraie bonbonnière.

AZUR.

Si vous le voulez, je puis vous la faire voir.

FLANARD.

Parbleu! oui; et ce que vous m'avez dit commence même à piquer ma curiosité.

AZUR.

Je puis vous donner à l'instant même une idée des divers genres que nous nous proposons d'adopter.

FLANARD.

Soit, j'y consens (*A part.*) Je flânerai et cela ne me coûtera rien.

AZUR.

En ce cas, suivez-moi; pour commencer gaîment, je vais vous conduire à la guinguette.

FLANARD.
À la guinguette, un homme comme moi!
AZUR.
Vour verrez tout le monde et personne ne vous verra; d'ailleurs vous y serez en bonne compagnie.
(Montrant le public.)
FLANARD.
Est-ce que vous auriez la complaisance de me donner une place dans votre équipage?
AZUR.
Volontiers.

(*A un signe d'Azur, les petits génies se mettent en marche, et Flanard les suit, son parapluie à la main. L'orchestre reprend la marche.*)

LE THÉATRE CHANGE.

LA GUINGUETTE.

(*Le théâtre représente le jardin d'une guinguette; un orchestre, des tables, des cabinets.*)

SCÈNE PREMIÈRE.

Madame CANON, Garçons et Filles de cabaret.

CHOEUR.

Air : *Quand des ans.*

Allons, morbleu ! r'troussons nos manches!
L' beau temps nous a favorisés;
A la Courtille, les dimanches,
On n' reste pas les bras croisés.

MADAME CANON.
Que chacun aille à sa besogne;
Toi, va-t-en vite à tes fourneaux;
Toi, va m' fair' du vin de Bourgogne,
Pendant que j' f'rai du vin d' Bordeaux.

REPRISE.
Allons, morbleu ! etc.

MADAME CANON.
Comm' chez nous il vient à la ronde
Des amans de tous les quartiers,
Vous n' donn'rez pas à tout le monde
Les cabinets particuliers.

REPRISE.
Allons, morbleu ! etc.

(*Les garçons et filles sortent.*)

SCÈNE II.

MADAME CANON.

Bravo ! bravo ! Va-t-on flûter aujourd'hui chez moi! comme le commerce va marcher!.. Je ne vais savoir à qui entendre... Madame Canon...du veau !... Madame Canon, de la salade et des œufs durs dessus! Madame Canon, madame Canon!... Paix donc, que je leur crie, vous me brisez les oreilles avec votre Canon... Quoique ça, le soir il y a du plaisir quand on compte la recette, et que l'on voit que les écus y sont.

AIR *du Fleuve de la vie.*

C'est vraiment drôle, à la Courtille,
De voir tous ces bons ouvriers
V'nir, au milieu de leur famille,
Boire et chanter à plein gosier.
Après un' goguette bien ample,
Et de vin rouge et de vin blanc,
Ils redescendent, en roulant,
Tout le faubourg du Temple.

(*On entend le bruit d'une voiture.*)

MADAME CANON.

Ah! ah! v'là M. Jean Galop, le cocher de fiacre.

GALOP.

C'est vrai, ma petite mère : je viens d'amener à Romainville une épicière de la rue Saint-Denis, et un commis des Trois Sultanes. Il n'y aurait-il pas d'indiscrétion à avaler un polichinel sus le pouce?

MADAME CANON.

Avec plaisir, Jean Galop; les cochers de fiacre ont ça de bon, qu'ils ont toujours soif. Pierre! Pierre! servez monsieur.

MADAME CANON.

Je la connais l'épicière, dites donc, Jean Galop. Vous devez en voir de drôle dans votre état.

GALOP.

Je vous en réponds, petite mère. Eh bien! du vin donc.

SOPHIE, *dans la coulisse.*

Je te dis que je veux que tu t'en viennes; t'as assez bu, Criquet.

GALOP.

Dieu me pardonne, c'est la voix de ma nièce la fleurisse..

MADAME CANON.

Je crois qu'il y a du déchet dans ses amours; il paraît que M. Favori, le hussard, lui fait des traits. Je vous laisse avec elle. (*Elle sort*)

SCÈNE III.

GALOP, SOPHIE.

SOPHIE.

Voyons, Criquet, veux-tu venir? ou sinon...

GALOP.

C'est toi, Sophie ! Quoi t'est-ce que tu fais donc ici ?

SOPHIE.

Ah ! c'est vous, mon oncle Galop ; je vous trouve là bien à point... Je viens chercher mon frère Criquet : il veut toujours boire, il est gris comme une ardoise...

GALOP, *buvant*.

Quel malheureux défaut il a, ce jeune homme !...

SOPHIE.

Il a bu trois bouteilles à lui tout seul, et il veut ne pas s'arrêter.

GALOP.

Trois bouteilles, ça n'est pas raisonnable. (*Il appelle.*) Garçon, encore un petit père-noir.

(*Un garçon lui apporte du vin.*)

SOPHIE.

Si vous voyiez dans quel état il est !

GALOP.

Ah ça ! pourquoi donc qu'il s'est mis en patrouille d'à si bonne heure ?

SOPHIE.

Parce qu'il a du chagrin de ce qui m'arrive... Vous savez bien M. Favori, le hussard qui m'faisait la cour pour le mariage et qui devait m'épouser dans un mois ?

GALOP.

Oui.

SOPHIE.

Eh ben, il me plante là.

GALOP.

Et dit-on pour qui l'oiseau gazouille à c't'heure ?

SOPHIE.

Il gazouille pour la grande Fanchon, la blanchisseuse de fin.

GALOP.

Fanchon ?

SOPHIE.

Vous pensez bien que mon frère, qui est militaire, vu qu'il est tambour, ne peut pas dévorer un affront pareil ; il dit qu'il poursuivra M. Favori partout, il dit qu'il le tuera.

CRIQUET, *dans la coulisse*.

Où c'qu'il est ? où c'qu'il est ?

SOPHIE.

Tenez, le v'là qui recommence. Mon oncle, aidez-moi à le reconduire chez nous. (*A part.*) Si je peux remener mon frère... J'ai mon projet... et la blanchisseuse...

SCÈNE IV.

Les Mêmes, CRIQUET *en uniforme de tambour.*

SOPHIE *à Galop.*

Air : *du Comte Ory.*

Tenez, le v'là qui s'avance,
Tâchez d'le maint'nir un peu.

CRIQUET, *gesticulant.*

Qu'il paraisse en ma présence,
Et l'huzard verra beau jeu !...

GALOP, *à Sophie.*

Ma p'tite, laisse-moi faire.

CRIQUET.

Le huzard me le payera ;
Et puisqu'il cherche une affaire,
Avec moi l'huzard l'aura.

SOPHIE, *à Criquet.*

J' suis ta p'tit' sœur Sophie.

CRIQUET.

Lui m'tuer, je l'en défie.
Une, deux, v'lan !
Pif et pan !
L'huzard est sur l'flanc.

GALOP *et* SOPHIE.

Criquet, tu n'as plus ta raison ;
Faut t'en r'tourner à la maison.

CRIQUET.

Non,
Une, deux, v'lan !
Pif et pan !
L'huzard est sur l' flanc.

GALOP

Est-ce que tu ne m'reconnais pas Criquet ?

CRIQUET, *le regardant.*

Attendez donc que je vous dévisage ; il me semble que si, mon ancien.

SOPHIE.

C'est notre oncle Galop.

CRIQUET.

Ah ! oui... Mais voyez-vous, mon oncle ? il faut que votre neveu venge l'honneur de la famille.... Ah ! le hussard veut faire aller ma sœur !

GALOP.

Ecoute, Criquet, Favori manque au sesque ; il a tort, tu le retrouveras et je promets de t'aider.

SOPHIE.

Oui, mais rentrons chez nous ; il ne faut pas se battre quand on a du vin.

CRIQUET.

Au contraire...

Air : *Dans la Vigne a Claudine.*

J'ai lu dans un grimoire,
Quoiqu' vous disiez ici,
Qu'il est prudent de boire,
Pour combattre un enn'mi,
Quand le vin rend l'œil trouble,
C'est l' moment d' l'attaquer.
Comme on voit son homm' double,
On ne peut pas l' manquer.

SOPHIE.

Mon oncle, tâchez donc de le mettre dans votre fiacre.

CRIQUET.

Du tout, voyez-vous ? Favori va venir ici... Je l'attends de pied ferme.

(*Il fait un faux pas.*)

GALOP, *le relevant.*

Holà... ho... ho... Tu chopes, toi !

CRIQUET.

Je vas droit à lui, et je lui dis :.. Favori... t'es t'une joli homme, c'est bien ; tu te conduis mal, c'est mal. T'es cavalier, je suis fantassin ; t'es t'hussard, je suis tapin ; mais vois-tu, il y a huzards et huzards, tapins et tapins ; on ne m'engourdit pas... Je connais les flas et les ras. Tire ta latte et marche à moi !

GALOP.

Allons, Criquet... faut t'en venir.

CRIQUET.

Pas de ça, Lisette... Marche à moi

SOPHIE.

Ah ! mon Dieu, mon oncle, si Favori venait..

CRIQUET.

Marche à moi ! j'obéis à l'honneur comme à la canne du tambour-maître... Allons, l'huzard, dans les prés Saint-Gervais, habit bas, viens là-bas, là-bas dans les lilas : il y a de l'ombrage et du feuillage.

AIR : *Ah! quel plaisir d'être soldat!*

Ah! quel plaisir
De s'rafraîchir
D'un coup d' briquet
Dans un bosquet.
Chez nous c'n'est pas pour rire
Qu'l'bonheur est à l'ordre du jour;
Dès qu'il parle, l'on entend dire
Au capitaine comme au tambour :

Ah! quel plaisir, etc.

J'dirai-z-au malin qui s' cabre,
Viens-t'en au lilas sans pareil,
Tu n'peux risquer qu'un coup d' sabre;
Mais tu n'crains pas les coups d'soleil.
Ah! quel plaisir, etc.

GALOP.

Allons, Criquet, donne-moi le bras, et marche à la gloire!

CRIQUET.

C'est ça, mon oncle, vous n'avez pas oublié la manœuvre L'huzard est mort.

(*Ici madame Canon rentre en scène et va parler avec Sophie.*)

GALOP.

Il est mort!...

CRIQUET.

Et enterré!...

GALOP.

Et enterré!...

Reprise de l'air, ensemble.

Ah! quel plaisir
De s'rafraîchir
D'un coup d'briquet
Dans un bosquet.

(*Ils sortent tous trois.*)

SCÈNE V.

MADAME CANON, FANCHON, *un grand panier de blanchisseuse sous le bras.*

FANCHON, *posant son panier sur une table.*

Bonjour, madame Canon; comment que ça va aujourd'hui?

MADAME CANON.

Bien, et vous?

FANCHON.

Comme vous voyez ; je viens tard, n'est-ce pas ? c'est que j'ai eu de la besogne pardessus la tête.

MADAME CANON.

Me rapportez-vous ma camisole et mes bonnets ?

FANCHON.

Oui, et les chemises fines à cols de vos deux petits garçons.

MADAME CANON.

Voyons un peu. (*Elle va pour fouiller dans le panier.*)

FANCHON.

Un moment, ne me chiffonnez pas mon panier ; tout est en ordre, et je ne m'y reconnaîtrais plus. Votre linge est en dessous.

MADAME CANON.

Voyons.

FANCHON.

AIR : *Vaudeville de l'Etude.*

Ah ! ne dérangez rien de grâce ;
V'là les faux cols d'un pauvre auteur,
Les manchettes d'un homme en place,
Le jabot d'un solliciteur,
Ça c'est l'linge d' mam'zell' Palmire,
Qui porte, d'un air impudent,
Des marabouts, un cachemire,
Et n'a qu'une rob' en attendant.

MADAME CANON.

Il n'en manque pas comme ça, de belles dames qui font leur poussière sur le pavé de Paris.

FANCHON.

Oui, oui, tout ce qui reluit n'est pas or, et je vois ça dans mon état.

MADAME CANON.

Viendrez-vous tantôt ?

FANCHON.

Pourquoi pas ?

MADAME CANON.

Pour rien ; c'est qu'on a parlé sur vous.

FANCHON.

A cause de quoi ?

MADAME CANON.

A cause de M. Favori, ce bel husard qui vous en conte.

FANCHON.

Eh bien ! est c'que ça regarde quelqu'un ?

MADAME CANON.

C'est mamselle Sophie qui se plaignait; elle disait comme ça, qu'une blanchisseuse...

FANCHON.

Une blanchisseuse, après?....

MADAME CANON.

Oh! rjen... mais...

FANCHON.

Air : *Du noble éclat du diadème*, etc.

J'voudrais bien voir que l'on s'permisse
D'tenir des propos de d'ssus moi.
Un' blanchisseus' vaut un' fleurisse;
Pour c'qu'est d'l'état n'ya donc pas d'quoi.
Le hussard m'a parlé d'mariage;
Il dit qu' Sophie a d' trop grands airs.
Si c't homm' veut changer d'esclavage,
Il est libre d'porter mes fers.

MADAME CANON.

Du moment que vous le prenez comme ça...

FANCHON.

N'y a pas deux manières de le prendre.
(*On entend fredonner dans la coulisse.*)

MADAME CANON.

Tenez, le v'là ce M. Favori avec ses camarades.

SCÈNE VI.

LES MÊMES, FAVORI, *en hussard*, PLUSIEURS SOLDATS.

CHOEUR.

Air : *Pierrot, Pierrot*.

Du vin, du vin, du vin;
Nous nous f'sons gloire
De bien boire.
Du vin, du vin, du vin,
Voilà notre refrain.

FAVORI, *apercevant Fanchon*.

La rencontre est aimable....
Allons, mamzelle Fanchon,
Venez vous mettre à table,
Et f'sons sauter le bouchon.
Du vin, du vin, du vin, etc.

2

FANCHON.

Ah ça ! monsieur Favori, à nous deux à cet'heure ; il faut que vous vous prononciez aujourd'hui pour ou contre le mariage ; je ne peux pas rester le bec dans l'eau comme l'oiseau sur la branche.

FAVORI.

De quoi, belle Fanchon, charmante blanchisseuse, vous méfireriez-vous de moi ?

FANCHON.

Ecoutez, vous faites le joli cœur auprès du sesque en général.

FAVORI.

(*A part.*) Et en particulier. (*Haut.*) Que voulez-vous, cela tient à l'état ; comme le militaire est recherché, il est entreprenant... Je suis z'hardi, et ça m'a réussi mainte fois.

AIR : *de Joconde.*

Les ennemis et les femmes
Rarement m'ont résisté.
Chez ces messieurs, chez ces dames,
J'enlèv' tout d'autorité !
Quand j'en trouv' d'un peu cruelles,
Je les soumets par la douceur.
V'là pourquoi, z'auprès des belles,
On m'a surnommé l'engeôleur ;
On m'a nommé l'en, nommé l'engeôleur ;
Nommé l'en, l'en, l'en, nommé l'engeôleur.

FANCHON.

(*Même air.*)

Vot position z'est chanceuse ;
Sachez, hussard accompli,
Qu'l'honneur de la blanchisseuse
N'a pas encor un fait un pli.
Si c'est pour le mariage,
J' vous permets un mot d' douceur ;
Si c' n'est qu'un enfantillage,
Vous r' pass'rez, monsieur l'engeôleur.
Monsieur l'en, l'en, l'en, monsieur l'engeôleur.
Monsieur l'en, l'en, l'en, monsieur l'engeôleur.

FAVORI.

Belle Fanchon, si la grande difficulté ne roule que là-dessus, ce soir à la brune vous aurez ma solution. Nous pouvons causer des petites préliminaires en nous rafraîchissant ; venez, Fanchon, prendre place à la table des amis, vous y trouverez des hommages et des respects....

FANCHON.

Pour ça, j'en suis sûre.

SCÈNE VII.

Les Mêmes, SOPHIE; *elle paraît dans le fond, habillée en tambour.*

FAVORI.

Le militaire est poli envers son amie, puisqu'il l'est envers toute femme quelconque. (*Ils se mettent à table.*)

SOPHIE, *à part.*

J'ai pris, pendant qu'il dort à la maison, les habits de mon frère Criquet; sous ce costume je puis observer M. Favori... (*Les apercevant.*) C'est lui! c'est elle...

FAVORI.

Fanchon, à votre santé. (*Il boit.*)

SOPHIE, *à part.*

Dieu! quel coup!

FAVORI.

A nos amours! puissent-ils semer des roses tout le long de la route!

FANCHON.

Avec plaisir...

SOPHIE, *à part.*

Je n'y tiens plus.

FAVORI, *à ses amis.*

Quel est donc ce militaire qui vient boire près de nous? il a l'air de nous regarder.

SOPHIE, *s'étant assise à une table, près de Favori et de ses camarades, un garçon lui apporte du vin.*

Je ne veux rien.

UN GARÇON.

Vous n'êtes pas ici dans un café.

FAVORI, *en regardant Sophie.*

Il faut consumer, camarade, quand on vient dans un endroit public.

SOPHIE.

Laissez. Cela me servira de contenance...

UN SOLDAT.

C'est une recrue.

UN SOLDAT.

Un nouveau tapin.

FAVORI, *se levant.*

Attendez donc, nous allons rire: je vais lui faire une farce. (*Il va à la table où est Sophie, et dit en avalant le verre de vin qu'elle vient de verser :*) Celui qui boit tout seul n'est pas digne de vivre.

SOPHIE, *timidement.*

Ah! ça, dites donc, camarade, ce n'est pas honnête, ce que vous faites là!...

FAVORI.

Non, mais c'est farce.

SOPHIE.

N'y revenez pas... ou sinon...

FAVORI.

Qu'est-ce que tu ferais, apprenti tambour?

SOPHIE.

Parce qu'on n'a pas des moustaches comme vous, il ne faut pas avoir un air.

FANCHON.

Venez ici, monsieur Favori, laissez donc c't'enfant-là.

SOPHIE, *s'animant.*

Dites donc, vous, la blanchisseuse, au lieu de faire ici les beaux bras, vous feriez mieux d'aller repasser le linge de vos pratiques, qui disent comme ça que vous mettez trop d'empois et pas assez de savon.

FAVORI.

Dis donc, si tu voulais bien ne pas mêler mademoiselle dans tes propos; sais-tu qui qu'elle est?

SOPHIE.

Pardine! qu'est-ce qui ne connaît pas mam'zelle Fanchon, blanchisseuse de fin, qui loge vis-à-vis la caserne. Au lieu de se mêler de notre conversation, elle ferait mieux d'être plus scrupuleuse sur sa conduite, et de ne pas prendre les amans de celles qui n'ont que tout juste leur compte.

FANCHON.

C'est trop fort, et je vais...

FAVORI.

Laissez, laissez-moi faire... je vas le corriger. (*Il prend Sophie par le bras.*) Allons, tapin, avance ici à l'ordre.

SOPHIE, *a part.*

Qu'est-ce que je vas devenir!(*Haut.*) Il faut que je trouve un témoin.

FAVORI.

Voilà deux lapins qui sont bons là... T'en prendras un et moi l'autre...

SOPHIE, *voulant se sauver.*

Mais...

FAVORI ET LES SOLDATS.

En garde, en garde.

SOPHIE, *à part.*

Je n'en puis plus, je vais me trouver mal.

FAVORI, *la prenant brusquement.*

Allons, allons, habit bas, quitte ta veste!

SOPHIE, *effrayée.*

Quitter ma veste! moi devant tout le monde!

TOUS EN CHOEUR.

AIR: *Des Cancans.*

Habit bas! (*bis.*)

SOPHIE, *se défendant.*

Je n'y consentirai pas.

TOUS.

Habit bas! (*bis.*)

SOPHIE.

Je me trouve mal, hélas!

(*Elle s'évanouit.*)

SCÈNE VIII.

LES MÊMES, CRIQUET, *les bras nus en chemise.*

Ma sœur m'a pris
Mes habits
Mais j'viens trouver les amis;
Et j'veux fair' voir au malin
C'que peut l'sabre d'un tapin.

TOUS, *entourant Sophie.*

Habit bas! (*bis.*)
Le tambour ne répond pas.
Habit bas! (*bis.*)
Le tambour ne s'battra pas.

FAVORI.

Eh bien, tambour, mon brave... Allons revenons à nous. (*Il regarde et la reconnaît.*) Que vois-je, Sophie, mon objet, la sœur à Criquet!

CRIQUET, *s'oubliant.*

Présent.

TOUS.

Criquet!

CRIQUET.

Oui, c'est moi, malin, et c'est toi que je cherche, hussard. Allons! (*Il tire son sabre.*)

SOPHIE, *revenant à elle.*

Mon frère!

CRIQUET, *se mettant en garde.*

Allons, allons, cavalier!...

FAVORI, *tirant son sabre.*

On y est.

FANCHON, *se jetant au milieu.*

— Arrêtez!

(Tableau.)

SCÈNE IX.

Les Mêmes, JEAN GALOP, MADAME CANON, Filles et Garçons de cabaret.

CHOEUR.

Air : *Ah! quel bonheur, il retrouv' sa fille chérie....*

Empêchons-les
De s'faire
Une mauvaise affaire,
Et forcez-les
De rengainer leurs briquets.

CRIQUET, *à Favori.*

Parc'qu'on t'appelle l'engeôleur,
Tu voulais faire aller ma sœur;
Mais tu n'es qu'un mauvais farceur
Et tu m'paieras cette noirceur.

TOUS, EN CHOEUR.

Empêchons-les
De s'faire
Un' mauvaise affaire,
Et forçons-les
De rengainer leurs briquets.

GALOP.

Un moment, un moment; faut d'abord parler, ensuite on sera libre de tirer le bancal s'il y a urgence.

CRIQUET.

C'est ça; le père Galop est un vieux casse-gamelle, il a servi dans le train d'artillerie.

GALOP.

Pendant vingt ans, et j'ose me flatter que mon caisson roulait mieux que mon sapin; vous me direz ça dépend des chevaux.

CRIQUET.

Voilà l'affaire, messieurs et mesdames... M. Favori,

ici présent, en conte à ma sœur Sophie depuis un mois, et au moment de signer son engagement sur le contrôle de la mairie, il sort des rangs, il désalte et va faire de belles promesses à ma prétendue. Est-ce bien?

GALOP.

C'est mal... militaire.

FANCHON.

Un moment, un moment; comme j'ignorais que les choses étaient si avancées avec la fleurisse, je donne ma démission. Monsieur Favori, vous n'êtes qu'un monstre !...

FAVORI, *souriant.*

Vous n'êtes pas la première qui me le dit; on croirait que c'est le mot d'ordre de toutes les jolies femmes.

SOPHIE.

Fi, que c'est vilain de changer comme ça !

FAVORI.

Sophie, pardonnez-moi z'une petite échauffourée de garnison? Que voulez-vous? les hussards c'est de la cavalerie légère...

SOPHIE.

Je vous pardonne.

GALOP.

Mais à demain la noce, parce qu'avec vous autres, il vaut mieux tenir que de courir.

FAVORI, *lui baisant la main.*

Trop heureux de rentrer dedans vos chaînes, vu qu'étant fleurisse elles seront émaillées de fleurs.

SOPHIE.

C'est joli.

FANCHON.

Et vous, monsieur Criquet.

FAVORI, *à ses amis.*

Lui, c'est un petit jobard, il va lui demander pardon.

CRIQUET.

Mamzelle Fanchon, me pardonnerez-vous de m'être emporté dans un moment de vivacité?

FAVORI, *à part.*

Qu'est-ce que je disais?

FANCHON.

Oui, je vous pardonne, qu'il n'en soit plus question; nous ferons les deux noces ensemble.

CRIQUET.

Merci.

FAVORI.

Père Galop, vous serez notre oncle à tous, vos nièces

n'auront qu'à se glorifier de leur choix, et le civil et le militaire jouiront d'une félicité charmante et indissoluble.

VAUDEVILLE.

TOUS.

AIR : *On cherche à vous séduire.*

Amis de la goguette,
Gaîment accourez tous ;
Venez à la guinguette,
C'est toujours, fêt' chez nou.
(*On reprend en dansant.*)

MADAME CANON, *au public.*
Mon auberge commence ;
Si l' zèle est c' qu'il vous faut,
Avec de l'indulgence
Payez-nous votre écot.
Amis, etc.

CRIQUET, *au public.*
Pour vous ma baguette roule ;
Mon succès s'ra réel,
Si vous venez en foule
Dès que j'battrai l'rappel.
Amis, etc.

FANCHON, *au public.*
Si j'suis assez heureuse
Pour vous plaire en ce lieu ;
Chaqu' jour la blanchisseuse
Mettra les fers au feu.
Amis, etc.

FAVORI, *au public.*
Je viens de m'introduire
Dans un' bonne maison,
Et le hussard désire
N'pas changer d'garnison.
Amis, etc.

GALOP, *au public.*
Comm' cocher, je n'peux feindre
Qu'je r'dout' bien des cahots,
Mais je ne puis pas craindre
Qu'on s'plaigne ici des chevaux.
Amis, etc.

(*Après cette ronde, un ballet grivois.*)

INTERMÈDE.

(*Le théâtre change et représente de nouveau le boulevard du Temple.*)

FLANARD, AZUR.

AZUR, *sortant de dessous terre.*

Par ici, monsieur Flanard, donnez-moi la main!

FLANARD, *montrant sa tête.*

Où diable me conduisez-vous?

AZUR.

Sur le boulevard du Temple.

FLANARD, *moitié dehors.*

Vous êtes sûr. (*Il regarde.*) C'est, parbleu! vrai... Quel chemin m'avez-vous fait prendre?

AZUR.

Vous êtes passé dans les dessous du théâtre...

FLANARD.

Il paraît que vous m'aviez enfoncé, jeune homme. (*Il sort tout-à-fait*) Ah! je m'y reconnais...

AZUR.

Je vous en ferai voir bien d'autres.

FLANARD.

Ma foi, je ne sais pas si tout le monde sera de mon avis, mais ce petit tableau de la guinguette que vous venez de me faire voir m'a paru assez drôle et vos acteurs n'ont pas mal été.

AIR : *de la Robe et des Bottes.*

J'ai remarqué dans cette pièce
Votre hussard : c'est un très-bon vaurien;
Votre tambour a de la gentillesse,
  Votre cocher marche assez bien;
Votre Fanchon a la mine joyeuse,
Elle a des yeux, des attraits, des discours;
Et si Fanchon était ma blanchisseuse
Moi je mettrais un jabot tous les jours.

Ah ça! est-ce que vous n'allez pas nous jouer le genre noble? Je voudrais que vous eussiez des gaillards comme j'en ai vu autrefois... M. Lekain, M. Larive, M. Brizard, M. Molé...

Voilà des gens comme il vous en faudrait, qui viennent avec de grands manteaux d'écarlate rouge...des casques...des turbans, et qui disent avec de grosses voix sourdes (*déclamant*) :

Le temps de l'Amérique est à la fin venu...
Chaque peuple à son tour a régné sur la terre...
Et par droit de conquête et par droit de naissance...

Et ainsi de suite.

AZUR.

Ah ! j'entends...de l'héroïque, du chevaleresque.

FLANARD.

Oui, des choses ronflantes...Le chevaleresque ne doit pas vous gêner, avec la quantité de chevaux que vous avez.

AZUR.

Vous serez satisfait. (*On entend une musique.*) Précisément cette musique et ces petits chevaliers m'annoncent que nous allons être transportés dans un palais.

FLANARD.

Dans un palais !... vous me fermez la bouche.

(*La musique continue ; des petits chevaliers sortent de dessous le théâtre, portant des trophées d'armes, traversent la scène ; Flanard les suit enchanté et ils disparaissent par la coulisse.*)

LE THÉATRE CHANGE.

LE PALAIS.

Le théâtre représente une petite salle de palais qui n'occupe que deux plans.

SCÈNE PREMIÈRE.

MARGUERITE DE NAVARRE, Madame de RANDAN; Pages, Dames du palais.

MARGUERITE.

Mesdames, qu'aujourd'hui le plaisir nous rallie ;
François premier, vainqueur, revient de l'Italie.
Le jour, qui de mon frère a marqué le retour,
Est un jour de bonheur et de gloire et d'amour.
Vous êtes, je le vois, fières de la nouvelle :
Quand l'amant est vainqueur, la victoire est si belle !
Et vous allez revoir tous vos preux chevaliers ;
Ils vont à vos genoux déposer leurs lauriers.
Déjà le ménestrel va chantant sur sa harpe
Le héros triomphant grâces à son écharpe,
Ou grâce au souvenir de celle qu'il chérit.
Madame de Randan, cet espoir vous sourit :
Je l'ai lu dans vos yeux.

MADAME DE RANDAN.

    Oui, l'honneur de la France
Fut toujours de mon cœur la plus chère espérance,
Et je crains des combats le dangereux hasard.

MARGUERITE.

Surtout quand loin de vous ils entraînent Bayard.

MADAME DE RANDAN.

O ciel ! que dites-vous... Croyez, chère princesse...

MARGUERITE.

Malgré votre secret je sais votre tendresse.

Bayard est un héros, et c'est un grand honneur
Que d'avoir un amant *sans reproche et sans peur.*
Le premier point surtout plairait à bien des femmes!

MADAME DE RANDAN.

Admise en votre cour, même au rang de vos dames,
Mais veuve d'un époux qui fut disgracié,
De mon sort qui voudrait accepter la moitié?

MARGUERITE.

Croyez-moi, de la cour les fâcheuses disgrâces
Ne tiennent pas long-temps contre l'esprit, les grâces;
Jamais en défaveur on ne voit la beauté:
C'est le roi qui l'a dit.

MADAME DE RANDAN, *baissant les yeux.*
    Il a tant de bonté!

MARGUERITE.

Chacun de ses sujets alors ici le pense,
Et vous pouvez former une noble alliance.
La fortune avec vous eut des torts bien nombreux;
Mais en vous unissant au plus noble des preux,
Le roi peut réparer...

MADAME DE RANDAN.
    Ah! je vous remercie!...
Dans ce remercîment mon âme s'est trahie;
Mais seule vous savez!...

MARGUERITE.
    Ne craignez point d'éclat;
Pour nous de tels secrets sont des secrets d'état;
N'ayez pas peur qu'ici ma bouche vous dénonce...
Mais j'entends Triboulet; sa sonnette l'annonce.

SCÈNE II.

Les Mêmes, TRIBOULET, *en costume fantasque, et portant un bonnet auquel est un petit grelot. Il tient un énorme registre à la main.*

TRIBOULET.
    Oui, mesdames, c'est moi,
Le seigneur Triboulet, le pauvre fou du roi.

Ne faites pas ici sur moi des épigrammes :
Car si vous le vouliez, je serais fou des dames.
                    MARGUERITE.
Ah ! le pauvre insensé !
                    TRIBOULET.
                        Riez de ma folie,
Déraisonner toujours est ma philosophie.
Monsieur Clément Marot, poëte plein d'esprit,
A rimé mon portrait, et voilà ce qu'il dit :
« Triboulet fut un fou, de la tête écorné,
» Aussi sage à trente ans que le jour qu'il fut né ;
» Chacun contrefaisant, chanta, dansa, prêcha,
» Et toujours en riant personne ne fâcha. »
                    MARGUERITE.
Le seigneur Triboulet croit qu'on lui porte envie.
                    TRIBOULET.
Oui, j'ai des envieux, le fait est avéré ;
Plus que moi bien des gens ont le cerveau timbré.
N'est-ce donc pas un fou que ce grand homme mince,
Qui pour la gouverner demande une province,
Et ne peut gouverner sa femme et ses enfans ?
Ne sont-ce pas des fous ces héros si vaillans
Qui s'en vont par amour, suivant votre caprice,
Armés d'acier trempé, lance en main, dans la lice,
Et qui, pour soutenir l'honneur de vos appas,
Vont se faire casser les jambes et les bras?
Qu'ils s'escriment, d'accord, pour vous maintenir belles,
Mais jamais pour prouver que vous êtes fidèles...
Ils sont fous, archifous, je soutiendrai cela.
                    MARGUERITE.
Mais quel est ce registre ?
                    TRIBOULET.
                        Eh ! justement voilà
Les archives des fous, transcrites par ma plume.
De mon petit recueil c'est le premier volume ;
J'en ferai le journal des traits intéressans
De ceux que je verrai détrôner le bon sens.
J'y voulais mettre au rang des beaux traits de folie
La gloire que le roi rapporte d'Italie.

MARGUERITE.
Quoi! vous voulez fronder la guerre de Milan,
Et ternir les lauriers cueillis à Marignan!
Ce combat glorieux, cette belle victoire
Aura toujours sa place aux pages de l'histoire.
TRIBOULET.
Qu'importe la victoire ? elle expose le roi,
S'il eût trouvé la mort, je perdais mon emploi.
MADAME DE RANDAN.
Afin de rendre heureux ses sujets, son empire,
Qu'à maintenir la paix maintenant il aspire.
MARGUERITE, *souriant.*
Eh! bien nous l'en prierons.
(*Elle va pour sortir.*)

TRIBOULET
Au salon du château,
Vous allez le trouver contemplant un tableau
Que Raphaël Urbin vient d'envoyer de Rome.
MARGUERITE.
Allons voir un grand prince admirer un grand homme.
(*Elles sortent.*)

SCÈNE III.

TRIBOULET, *seul.*
Et nous de notre emploi remplissons le devoir.
Ce qui doit arriver est facile à prévoir ;
Parmi tant de flatteurs qui vont être à la piste :
Je mettrai bien encor quelques fous sur ma liste,
Près de François premier je vois nos courtisans
Prodiguer à propos ou le blâme ou l'encens.
Si le roi ne dit mot, ils baisseront le verbe ;
Si le roi dit : c'est bien, ils crieront : c'est superbe !

(*Il sort. Le théâtre change et représente la galerie du château ; un grand tableau, sur un chevalet, se trouve à gauche.*)

SCÈNE IV.

FRANÇOIS Ier, LÉONARD DE VINCI, BAYARD, DU-BELLAY, MARGUERITE DE NAVARRE, Madame, de RANDAN, Hommes d'armes, Pages, Seigneurs, etc.

(Au changement, tous ces personnages sont grouppés comme dans la belle gravure de M. Jazet, et représentant François premier, admirant le tableau de Raphaël au milieu de sa cour.)

FRANÇOIS PREMIER.

Messieurs, je le prédis, le nom de Raphaël,
Dans les siècles futurs doit briller immortel...
Léonard de Vinci, n'est-ce pas ta pensée ?

LÉONARD DE VINCI.

Par ce tableau sa gloire est à jamais fixée.

FRANÇOIS PREMIER.

Raphaël ! Léonard ! à nos peintres français,
Enseignez pour toujours le chemin du succès !
Je veux de vos talens enrichir ma patrie,
Et conquérir les arts aux champs de l'Italie.
Dans la Grèce ils brillaient avant ses longs revers ;
Mais ils se sont enfuis, car ils craignent les fers.
De leur premier berceau, Soliman les exile :
Dans ma cour aujourd'hui je leur donne un asile ;
J'en veux faire à prix d'or rassembler les débris
Et transporter Athène aux remparts de Paris.
Je récompenserai le talent le plus mince :
Un artiste à mes yeux vaut mieux qu'une province.
Accourez donc, auteurs et savans peu connus,
Près de François premier vous serez bienvenus.
Et si je n'aggrandis mes états, ma puissance,
J'augmenterai du moins la gloire de la France.

TOUS.

Honneur à notre roi ! vive François premier !

FRANÇOIS PREMIER.

J'ennoblirai toujours le courageux guerrier.
La Trémouille, Bayard, parlez en confiance :
Tous mes soldats ont droit à ma reconnaissance.

TRIBOULET.
Si vous continuez, bientôt chacun, je croi,
Sans me faire aucun tort, deviendra fou du roi.
FRANÇOIS PREMIER.
Vous ne demandez rien... Bayard laisse à l'histoire
Le soin d'apprécier, d'honorer sa mémoire.
BAYARD.
Bayard, en ce moment, ne forme qu'un seul vœu :
Ma vie est à mon prince, à ma dame, à mon Dieu!
FRANÇOIS PREMIER.
D'un noble chevalier voilà bien le langage!
MADAME DE RANDAN, *à part.*
Que va-t-il demander?
BAYARD.
A celle qui m'engage
Je désire accorder et ma main et ma foi.
FRANÇOIS PREMIER.
Puisses-tu nous donner des fils dignes de toi!
J'y consens de grand cœur.
MADAME DE RANDAN.
Ah! que je suis heureuse!
MARGUERITE, *bas.*
D'un hymen aussi beau vous serez glorieuse.
FRANÇOIS PREMIER.
Celle que tu choisis doit plaire à tous les yeux;
Il faut, près de ma sœur, qu'elle habite ces lieux.
Qu'à la bien recevoir Marguerite s'apprête;
Je veux que pour ma cour ce soit une conquête.
BAYARD.
Je reçois comme un ordre un désir si flatteur.
TRIBOULET, *à part.*
Si j'étais le mari, je dirais : serviteur.
FRANÇOIS PREMIER.
Avant de nous livrer aux jeux qui nous attendent,
Bayard, c'est un honneur que mes vœux te demandent:
Qu'au nom de Marignan, ici, François premier,
Par les mains de Bayard soit armé chevalier!
BAYARD.
D'autres méritent mieux cette faveur insigne;
Parmi tant de héros vous prenez le moins digne.

FRANÇOIS PREMIER.
Toujours ta modestie égale ta vertu.
Mais cède à mon vouloir... Me refuseras-tu ?

BAYARD.
Un plus brave...

FRANÇOIS PREMIER.
En est-il ? non, foi de gentilhomme.

TRIBOULET.
Je n'en connnais pas un de Paris jusqu'à Rome.

BAYARD.
En vous faisant honneur, moi seul en recevrai.

FRANÇOIS PREMIER.
Dans un instant, messieurs, que tout soit préparé.
Vous, ma sœur, rassemblez ici toutes les belles ;
Il n'est, pour des Français, point de fête sans elles.
Par leur aspect toujours mes yeux sont enchantés ;
Je veux vous voir briller, parmi tant de beautés,
Comme une marguerite au sein des fleurs écloses.
Sans femmes une cour est un printemps sans roses.
(*Tout le monde sort ; les hommes les premiers, et les dames ensuite par la gauche. Marguerite, dont Bayard a pris la main par ordre du roi, passe d'abord, et au moment où madame de Randan va pour sortir, François premier l'arrête.*)

SCÈNE V.

FRANCOIS PREMIER, MADAME DE RANDAN.

FRANÇOIS PREMIER.
Restez, belle Randan ; souffrez que, sans témoin,
Je puisse vous parler : mon cœur en a besoin.

MADAME DE RANDAN, *à part.*
Qu'entends-je ? O ciel ! et pourquoi ce mystère ?...
(*Haut.*)
Sire, vos volontés...

FRANÇOIS PREMIER.
Ce n'est qu'une prière ;
Et dans cet entretien qu'ici je veux avoir,
C'est à votre bonté bien plutôt qu'au devoir.

MADAME DE RANDAN.
Si l'on vous écoutait, sire, un pareil langage...
FRANÇOIS PREMIER.
Qui pourrait s'étonner quand je vous rends hommage?
Chacun m'approuverait; mon choix en est garant.
MADAME DE RANDAN, *embarrassée*.
Sans doute chacun sait que vous êtes galant.
FRANÇOIS PREMIER.
Vous avez, je le sais, déploré mon absence?
MADAME DE RANDAN.
Oui, je vous attendais... Comme toute la France,
Comme tous vos sujets, je ne formais qu'un vœu.
FRANÇOIS PREMIER.
Comme tous mes sujets... madame, c'est bien peu.
Quand je nourris, pour vous, une discrète flamme;
Quand votre souvenir seul occupait mon âme;
Car c'est lui, je le jure, au milieu des combats,
Qui m'aidait à combattre et soutenait mon bras.
Votre nom m'aurait fait vaincre une armée entière,
Et je croyais le voir gravé sur ma bannière.
Pour vous revoir enfin je quitte mes drapeaux;
Aujourd'hui l'ennemi vous devra son repos :
Mon duché de Milan, je vous le sacrifie,
Et peut-être, sans vous, j'étais roi d'Italie.
MADAME DE RANDAN, *souriant*.
De ce crime d'état on pourrait m'accuser.
FRANÇOIS PREMIER.
Je le regrette peu; je puis vous excuser.
Quand on est à genoux, à quoi sert la puissance?...
Donnez à mon amour un rayon d'espérance.
MADAME DE RANDAN, *timidement*.
Vous m'offrez votre amour... L'hymen doit me lier...
Et mon cœur n'aimera jamais qu'un chevalier...
FRANÇOIS PREMIER.
Que dites-vous, madame? Aujourd'hui je veux l'être!
Paré de vos couleurs, que je puisse paraître
Au tournois que demain...
(*Il va pour se mettre à genoux.*)

MADAME DE RANDAN.
Sire, vous oubliez
Que c'est moi qui devrais me trouver à vos pieds !
J'aime depuis long-temps...

FRANÇOIS PREMIER.
Un autre a su vous plaire ;
Grand Dieu ! qu'avez-vous dit ?... Quel est le téméraire ?

MADAME DE RANDAN, *à part.*
Ah ! je n'ose avouer !...

FRANÇOIS PREMIER.
Ici, nommez-le moi !
Qui donc est, dans ma cour, le rival de son roi ?

MADAME DE RANDAN.
Ah ! vous n'en avez point, pour l'honneur, le courage ;
Mais pouvons-nous choisir quand notre cœur s'engage ?
Près de nous vos sujets seraient bien malheureux,
Si vous pouviez toujours vous montrer avant eux.
Sans vous avoir connu, ma foi fut enchaînée,
Et l'hymen...

FRANÇOIS PREMIER.
Pour qu'ici votre main soit donnée,
Il faut que j'y consente ; et c'est trop exiger.
Vos rigueurs ont suffi ; cessez de m'affliger.

MADAME DE RANDAN.
Sire, un pareil refus devient une disgrâce,
Et loin de votre cour à jamais il me chasse...
Ce jour est le dernier qu'en ces lieux je verrai.

FRANÇOIS PREMIER.
Mais sais-je, en vous perdant, si je vous oublierai ?

MADAME DE RANDAN.
Recevez mes adieux...
(*Ici on voit Triboulet paraître dans le fond.*)

FRANÇOIS PREMIER.
Ah ! je vous en supplie !
Ne pouvez-vous briser la chaîne qui vous lie ?

MADAME DE RANDAN.
Un roi qui, sur l'honneur, se guide constamment,
Doit chérir les sujets qui tiennent leur serment.

SCÈNE VI.

FRANÇOIS PREMIER, TRIBOULET.

TRIBOULET, *riant avec éclat.*
Ah! ah! ah! ah! ma foi, vive l'extravagance!

FRANÇOIS PREMIER, *vivement.*
Qui se permet?...

TRIBOULET?
C'est moi.

FRANÇOIS PREMIER.
Que fais-tu là?

TRIBOULET.
Silence!

FRANÇOIS PREMIER.
Réponds...

TRIBOULET, *prenant gaîment ses tablettes.*
Je vous inscris sur le livre des fous;
Aimer une beauté qui ne veut pas de nous,
C'est faire, selon moi, la plus grande folie.

FRANÇOIS PREMIER.
Peut-on ne pas chérir une femme jolie?

TRIBOULET.
Mais vouloir de son cœur devenir le tyran,
Il faut perdre l'esprit ou se faire sultan.
Formez-vous un harem de deux cents odalisques,
D'en être dédaigné vous n'aurez pas les risques;
Vous pourrez imiter les Turcs dans leur sérail,
Ils sont aimés en gros et jamais en détail.
Moi, si vous le voulez, j'ai l'allure caduque,
J'en ai les qualités, je serai votre eunuque.

FRANÇOIS PREMIER.
Finis tes sots discours, ils sont hors de saison.

TRIBOULET.
Vous-même qui parlez, vous perdez la raison
En adorant ici la maîtresse d'un autre.

FRANÇOIS PREMIER, *avec colère.*
Ah! parle, quel est-il?

TRIBOULET.
Quel courroux est le vôtre ?

FRANÇOIS PREMIER, *avec emportement.*
Réponds-moi sur le-champ. Réponds-moi; quel est-il ?

TRIBOULET.
Encor; voudriez-vous l'envoyer en exil,
(*D'un ton tragique.*)
L'appeler en champ clos. Mais qu'auriez-vous à dire,
Si c'était moi, seigneur !...

FRANÇOIS PREMIER.
Pour Dieu cesse de rire.
Quel est l'audacieux ? Nomme-le sans retard.

TRIBOULET.
C'est un de vos amis... le chevalier Bayard !

FRANÇOIS PREMIER.
Bayard !

TRIBOULET.
Ça doit calmer votre fureur jalouse,

FRANÇOIS PREMIER.
Qu'il n'espère jamais l'obtenir pour épouse !..

TRIBOULET.
Le roi le veut, c'est juste, il ne peut avoir tort.

FRANÇOIS PREMIER.
Le trouble, le dépit... redoublent mon transport.

TRIBOULET.
Il va pourtant venir vous donner l'accolade,
Il faudra l'embrasser comme un bon camarade ;
Du nom de chevalier il doit vous honorer
Et de l'éperon d'or ici vous décorer.

FRANÇOIS PREMIER.
Le presser sur mon cœur !

TRIBOULET.
Si ça vous embarrasse,
Je me fais chevalier et je prends votre place.
Quelqu'un paraît : mon prince, ayez un air plus doux.

FRANÇOIS PREMIER.
Ah ! qu'il va m'en coûter pour cacher mon courroux !

SCÈNE VII.

Les Mêmes, MARGUERITE de NAVARRE.

MARGUERITE, *s'approchant du roi.*
(*A elle-même.*)   (*A demi-voix.*)
Elle n'est point ici... Prince, on vient de me dire,
Que madame Randan de la cour se retire,
Le saviez-vous, mon frère ?... il faudra l'empêcher.

FRANÇOIS PREMIER.
C'est encore un secret, nous devons le cacher.

MARGUERITE.
Un départ si subit... ce ton plein de colère...
J'ai peur de deviner...

FRANÇOIS PREMIER.
Il était nécessaire...

MARGUERITE.
Ah! mon frère !...

FRANÇOIS PREMIER, *la priant.*
Silence.

MARGUERITE.
Au lieu d'un malheureux,
Je vois qu'en nous quittant, elle en va faire deux.

SCÈNE VIII.

Les Mêmes, BAYARD, LEONARD DE VINCI, LA TREMOUILLE, DUBELLAY, Seigneurs, Dames, Chevaliers, Ecuyers, Pages, etc.

(*Toute la scène se remplit de personnages de la pièce et des assistans, pour la cérémonie qui va avoir lieu.*)

BAYARD.
Peuple, guerriers, savans, soutiens de la couronne,
Contemplez un grand roi qui descend de son trône,
Et qui brigue l'honneur de venir humblement
Aux genoux d'un soldat déposer son serment.
(*Au roi.*)
Vous avez dans les camps partagé nos alarmes ;
Vous êtes dispensé de la veille des armes:

Mais cet engagement que vous prenez ici,
Vous impose des lois, et ces lois, les voici :
En tous lieux, en tout temps, en toute circonstance,
Prêter à l'opprimé le secours de sa lance,
Savoir toujours servir avec fidélité,
Son pays et son Dieu, son prince et la beauté ;
Toujours franc et loyal, toujours exempt de blâme,
Respecter d'un ami les biens, l'honneur, la dame ;
Mais si la conscience un jour vient à faillir,
D'une faute, long-temps, n'avoir pas à rougir,
Et qu'à peine commise elle soit réparée...
De cet ordre fameux, telle est la loi sacrée :
Sans remords pouvez-vous ici la recevoir ?

FRANÇOIS PREMIER, *ému et d'un ton pénétré.*
D'un loyal chevalier, quoi ! c'est là le devoir ?
Bayard, ici ta voix éclaire ma jeunesse.
Ah ! pardonne à ton roi, pardonne à sa faiblesse.
D'un homme vertueux quel est donc l'ascendant ?
Pages, courez, cherchez madame de Randan.
(*Les pages sortent.*)

BAYARD.
(*A part.*)
Vous paraissez ému... Quel est donc ce mystère.

MARGUERITE, *avec amitié.*
Je reconnais le roi ; je retrouve mon frère.

SCÈNE IX.

LES MÊMES, MADAME DE RANDAN, *précédée des pages.*

MADAME DE RANDAN.
Sire, j'allais partir ; j'allais quitter ces lieux ;
Je voulais éviter de pénibles adieux.

BAYARD, *regardant fièrement François premier.*
Son trouble m'a tout dit.

FRANÇOIS PREMIER.
Restez, restez, Madame :
Le roi veut couronner votre constante flamme ;
Je ne sais que Bayard qui soit digne de vous.

MADAME DE RANDAN.
Ah! sire, vous daignez...
BAYARD.
Je tombe à vos genoux.
FRANÇOIS PREMIER.
Bayard à mes genoux!... Lève-toi, je l'ordonne,
Car on pourrait penser que c'est moi qui pardonne.

(*Bayard se relève; une musique éclatante se fait entendre; il fait un signe aux pages, qui sortent et rentrent ensuite portant des carreaux de velours cramoisi; sur l'un est un éperon, sur l'autre un grand livre d'or, et le troisième pour mettre le genou du roi lors de la cérémonie.*)

BAYARD.
La Trémouille, approchez, soyez parrain du roi;
Que votre illustre nom soit garant de sa foi.
(*La Trémouille s'approche et se met à la gauche du roi.*)
Venez, belle Randan! et vous, reine accomplie,
Prêtez un nouveau charme à la chevalerie.

(*Les pages, d'après les ordres de La Trémouille, apportent au fur et à mesure les attributs dont ils sont porteurs; le roi prête serment sur le haubert, et La Trémouille chausse l'éperon de chevalier; le roi s'agenouille sur le coussin, Bayard tire son épée et en frappe trois coups du plat sur le cou du roi.*)

Monarque de la terre, en ce jour solennel,
Au nom du Dieu puissant qui règne dans le ciel,
Au nom des guerriers saints qui veillent sur la France,
Reçois, de tes hauts faits la digne récompense;
Deviens plus noble encor, noble François premier:
Tu n'étais qu'un grand roi, je te fais chevalier.

(*Il donne l'accolade au roi, qui se relève; La Trémouille donne la main au roi et le reconduit à la place où il était avant la cérémonie. Pendant cette pantomime, l'orchestre exécute une musique majestueuse.*)

BAYARD, *regardant son épée.*
Ma compagne.... ah! combien tu vas devenir fière,
De l'immortel honneur d'avoir donné pour frère

A Baudouin, à Roland, ce noble fils de Mars,
Qui sait joindre au laurier la palme des beaux-arts.
Dans les siècles futurs on chantera ta gloire,
Et tu viens d'ajouter une page à l'histoire.
Aussi, j'en fais serment, même aux jours du malheur,
Quand tout serait perdu, tout, excepté l'honneur,
Jamais du sang français tu ne seras trempée :
Ce n'est qu'à Bayard mort qu'on prendra son épée.

TRIBOULET.

Qu'on s'amuse à présent, rendez le roi joyeux ;
Quand les princes sont gais, les peuples sont heureux.

(*Ballet et fête héroïque.*)

INTERMÈDE.

(*Le théâtre change et représente de nouveau le boulevart du Temple.*)

FLANARD, *dans une loge d'avant-scène.*

C'est fort joli... C'est charmant : dites, monsieur Azur... monsieur Azur, où êtes-vous donc?

AZUR.

Par ici, monsieur Flanard.

FLANARD, *entrant en scène.*

Ma foi, mon cher ami, je crois que je suis enchanté : vos chevaliers ont des poumons d'enfer et des costumes brillans... Voilà comme j'entends la comédie... J'avoue cependant que je m'attendais à quelques coups de fusil.

AZUR.

Qu'à cela ne tienne, monsieur Flanard, je vais vous faire voir un tableau de ce genre. Nos auteurs ont l'intention de célébrer toutes les gloires et les sujets ne leur manqueront pas.

AIR : *Pégase est un cheval*, etc.

> Ils ont montré sur notre scène,
> Dans plus d'un ouvrage applaudi,
> Duguesclin, Villars et Turenne,
> Kléber et Poniatowski.
> Auteurs, héros de toute sorte,
> Nous en verrons toujours ici.

FLANARD.

D'après ça...

> Pégase est un cheval qui porte
> Les grands hommes chez Franconi...   (*bis.*)

AZUR.

Tenez, tenez, monsieur Flanard, voici l'avant-garde... Suivez ces vieux guerriers.

(*Les petits génies reparaissent vêtus en grenadiers, Flanard et Azur les suivent. Le théâtre change.*)

LE
CHAMP DE BATAILLE.

(*Le théâtre représente une épaisse forêt. Il fait nuit.*)

SCÈNE PREMIÈRE.

Au lever du rideau, plusieurs Espagnols sont groupppés autour des arbres. Ils attendent leur chef. Plusieurs d'entr'eux dorment.

SCÈNE II.

Le chef arrive, et leur annonce qu'un bataillon de la garde royale doit traverser la forêt pour rejoindre le corps d'armée, et qu'il leur sera facile de se rendre maîtres d'eux. Les Espagnols expriment le désir de les combattre. On entend une marche guerrière; les Espagnols écoutent et se cachent afin de les surprendre.

SCÈNE III.

On voit arriver quelques éclaireurs français qui se dispersent dans la forêt. Le bataillon qui les suit arrive, et se range en bataille. Le colonel ordonne un instant de repos.

SCÈNE IV.

Une vivandière distribue la goutte aux soldats. Scène de bivouac.

SCÈNE V.

Les Espagnols profitent de cette occasion, et fondent à l'improviste sur les Français. Aussitôt les soldats reprennent leurs rangs, et culbutent les Espagnols. Pendant cette action, le porte drapeau à été atteint d'une balle au bras; il est poursuivi par deux chefs espagnols, qui veulent profiter de son isolement pour s'emparer de son drapeau. Le brave militaire oublie ses souffrances pour défendre le précieux gage qui lui a été confié, et préfère la mort à la honte d'abandonner son drapeau : il combat avec chaleur et parvient à se débarrasser de ses deux assaillans; mais, trahi par ses forces et la blessure qu'il a reçue, il va succomber, accablé sous les coups d'un plus grand nombre d'ennemis, lorsque quelques-uns de ses camarades arrivent; mais eux-mêmes ne peuvent résister au nombre; ils vont périr, lorsque le bataillon, à la recherche de son drapeau, paraît, fait fuir les Espagnols, et emporte le drapeau.

SCÈNE VI.

La vivandière, séparée du bataillon par le combat, cherche une retraite avec sa cantine; mais elle se trouve assaillie et se défend avec de deux pistolets, elle fait feu, et donne la mort à deux soldats; le reste prend la fuite.

SCÈNE VII.

Un grenadier poursuit un des Espagnols; après une vigoureuse résistance de part et d'autre, ce dernier succombe.

SCÈNE VIII.

Les révoltés, serrés de près par les soldats français, cherchent leur salut dans une prompte fuite; mais ils sont cernés de toutes parts; ils mettent bas les armes, demandent grâce, et sont faits prisonniers.

(*Tableau général.*)

SCÈNE IX.

Azur paraît avec M. Flanard; à un signe qu'il fait avec sa baguette, le théâtre change, et représente une décoration allégorique et une apothéose du nouveau Cirque-Olympique.

DÉCORATION D'INAUGURATION

DU CIRQUE-OLYMPIQUE.

Sur un piédestal où sont écrits en lettres d'or ces mots : *à Charles dix*, *à la France*, est posé le buste de Sa Majesté. Autour de ce piédestal sont grouppés Charlemagne, Philippe-Auguste, Louis XII et Louis XIV. Près du piédestal est assis Henri IV, en grand costume royal. Il a remis son épée à la France qui lui fait serment de défendre les armes des Bourbons; près d'elle est son bouclier sur lequel sont jetés des lauriers. Le génie de l'histoire inscrit sur une table d'or les noms des rois et des guerriers qui ont illustré la France par leurs vertus ou leurs talens militaires. La paix, l'olivier à la main, précède les arts et les invite à venir célébrer toutes les gloires françaises.

A droite, un porte-drapeau, tenant l'étendart royal sur lequel est écrit le nom du Trocadero, précède les gardes royaux. Sur des nuages à gauche, des héros hardes, accompagnés de jeunes femmes couronnées de fleurs, semblent célébrer sur leur harpe la gloire des Français.

Sur le second plan sont grouppés, pêle-mêle, des rois et des héros de tous les âges. Ainsi, à côté de Catinat se trouve Montébello; le bon Charles V, près du courageux Pepin-le-Bref; le brave Dunois, le général Lecourbe, reçoivent les félicitations de Kleber. Le grand Condé, Louis VIII, le maréchal de Villars, Gaston de Foix, le maréchal Bessières le grand Turenne, Charles VI, Jean-Bart, et plusieurs soldats de tous les règnes, se mêlent à tous ces héros.

Sur un plan un peu plus rapproché, le brave général

Desaix, auprès de Poniatoswki. Plus loin l'intrépide Lassalle, accompagné de son fidèle chasseur, et tenant dans sa main la capitulation de Stettin, monument de la gloire française.

Le troisième plan est occupé par Louis XIII, Charles VII, Jeanne-d'Arc, Philippe-le-Bel, et des soldats de différens corps. Au milieu du tableau, l'œil est ébloui par un temple éclatant d'une lumière dont les rayons éclairent tous les grouppes, ainsi que la devanture du nouveau Cirque peinte sur le rideau de fond à gauche. Deux figures planent dans les airs, et représentent deux génies, portant chacun une légende ; sur l'une on lit : *Gloire française*, et sur l'autre, on ne voit qu'un seul mot : *Souscription*. Ces deux légendes traduisent d'une manière éloquente et ingénieuse, la pensée générale qui règne dans ce magique tableau. Les deux peintres distingués auxquels il est dû, MM. Gosse et Dumay, ont voulu montrer à tous les yeux le spectacle d'une partie des hommes célèbres qui ont illustré notre nation, et en même temps exprimer par un seul mot la reconnaissance des propriétaires du nouveau Cirque.

(*Apres ce dernier tableau la toile tombe.*)

FIN.

93

www.ingramcontent.com/pod-product-compliance
Lightning Source LLC
LaVergne TN
LVHW020954090426
835512LV00009B/1903